幸せへのパスポート

はしがき

人はとかく小さなことをないがしろにする。ちょっとした言葉でも、人の心を傷つけることがある。それを続けていると、ちょっとが大事件にまで発展する。だから小事をあなどり、

「これくらいはいいいや」

で日々を過ごしてはいけない。幸せになるには、小さな善いことの積み重ねが必要である。それをしないで、時たまギャンブルに手を出しても、大損してしまうのがオチだ。一時大もうけしたようでも、さらに大損と大失敗とが、次の出番を待ち構

えているのが、この世の法則である。
だから毎日よいことを積み重ね、それを死んでからも、どこかの世界で、やり抜こうではないか。

平成十二年四月十日

谷口清超

幸せへのパスポート　目次

装　幀　・松下晴美
本文イラスト・境ひとみ

幸せへのパスポート

主人公の仕事

仕事というものは、ギリギリの間ぎわになって、やっと出来上るというようなことをしていてはいけない。すべてチャンと計画を立て、前もって余裕のある仕事をし、手順を踏んで行うならば、スラスラと楽にやれるものである。

この現象界では、何時どんなことがあって、計画がおくれるかも判らない。それが最終の締め切り日にしわよせされないためには、途中にいくらか時間のゆとりが必要である。それも多すぎてはいけないが、やはりクッションとしての役を果たせるだけのゆとりが必要である。

真に楽しい人生を送る人々は、皆この種のゆとりを用意している。字を書くのでも、ビッシリとすき間なく書いたのでは美しくない。音楽でも間《ま》のとり方、呼吸のし方が大切である。その意味からしても、仕事の間の休暇は必要である。それを必要悪であり、労働協約で仕方なく与えるのだというようなケチな考え方ではいけない。

日本人は働きすぎだと、よく言われたが、働きすぎではなく、間の取り方がまずいのである。昼間の仕事が終って、夜盛り場にくり出し、飲めや歌えの大騒ぎをする、そんなことばかりして間《ま》を費しているから、家族と共に休暇をすごすことも出来ず、教養のための時間も、趣味の時間もとれない始末である。もし日本人が本当に働きすぎなら、あんなにも夜の時間が空費され、団体旅行でムダな公費や私費が浪費されることもなく、土産の買いあさりで、世界中をうろつき廻るような不体裁もないであろう。

時間というものは、使いようでどうにでもなる。型にはまった、俗うけのすることばかりをして「仕事している」と思いこんでいると、その人は、いつもギリギリの締め切り時間に追い立てられ、一生を何ものかに「コキ使われた」状態で終わらなければならなくなるであろう。

しかもこのような人々は、必ずミスをおかすのである。人が何かに追い立てられていて、完全な仕事が出来るものなら、三億円の強盗犯人は、さぞかし立派な仕事や生活を送れるであろう。ホテルにカンヅメになった作家が、果たして名文を書き上げるか？　トンボ返りのアーチストが、名曲をかなでるか？　不倫で追いかけられた二人が「新相対性原理」を思いついたりするか？

人間はどこまでも自分自身が主人公でなければならない。その「主人公」は他の何ものからも追い立てられず、常に心ゆたかであり、自由自在である。この「自主権」を持つためには、追いかけられ、追い立てられるのではなく、自分がすすんで、積極的に、早い目に、取り組むことである。

冬が来る前に冬の支度をする。夏が来る前にクーラーを買い入れる。それが出来るのが人間であり、そのように自動的に生活するのが、全ての動物の自然のあり方である。

心を活性化する

人は何事をしても、その心が仕事に現れてくる。仕事というよりも、生活全般にと言った方がよいであろう。従って主婦が料理を作っても、洗濯をしても、買い物に行っても、育児をしても、彼女の心がそこにあらわれ、彼女の「作品」を作り出しているのである。

例を料理にとると、ぞんざいな心の人は、料理もぞんざいに作り、最新式の自動炊飯器を使ってもコゲメシを作ったり、生にえごはんを作る。それは水加減を間違えたり、炊飯器の予約時間を間違えるからである。その上、おかずの塩加減が、一向に定まらない。中に砂を入れたままでアサリのミソ汁を作るということもよくある。

ところが心が感謝と悦びにみたされてくると、「この料理如何で、夫が死んだり生きたり、子供が健康になったり病気になったりする」と思うから、力一杯、明るい行きとどいた心で調理し、気持のよい食事が整うのである。その上さらに夫婦の心がピッタリしていると、夫が「これがほしいな」と思うものも、妻が作りたくなるから実に不思議である。

料理ばかりではないが、食事はことに人間生活の原点であるから、その影響する所が大きい。もし妻がいいかげんな食事を、インスタントラーメン的に作っていると、家族全体の健康が蝕まれ、ついには夫が早死したり、子供の発育が充分でなくなったりする。そうなって始めて医者にかかっても、医者は食事のことまで「過去にさかのぼって調整」してはくれないから、中々治らない。健康は永い間かかって築き上げた城の石垣のようなものであるから、それを根もとから取りかえるのは大変である。

健康ばかりではなく、心もまた多くの時間をかけて作り上げて行く。しかし心はその奥に「神性・仏性」を宿している。そして又これこそが人間の「本心」であるから、この心を目醒めさせ、活性化させると、あとからくっつけられたゴミや塵埃《じんあい》のような「迷い心」は、いつとはなしに消えうせる。このような心の大浄化を行うことが何よりも肝腎であり、それをやらないでいて、ゴミの上に又塵埃をつみかさね、見せかけや体面や、上つらの胡麻《ごま》かしばかりをしてお茶を濁していると、やがてトンデモナイ事が起って、大いに苦しみ悩むのである。

そのトンデモナイ事は、家族の難病、失業、倒産等色々あるが、不倫の愛人がいたという発見もある。そのような時、相手をいくら憎み、とがめ、うらみ、罵《ののし》っても、不幸は深まるばかりである。けれども唯一絶対の解決法がある。それは正しい信仰によって「神の子・人間」の本心を目ざめさせ、神の子の愛をもって、悦びと、祈りと、和顔とに徹底するという生き方である。

苦しみを楽しみに

人間は苦しいことがあっても、へこたれてはならない。平生《へいぜい》楽な生活ばかりを送っていると、身も心もダラケてしまう。雪がふったといって、炬《こ》燵《たつ》にあたってじっとしていては、仕事もできないし、身体《からだ》も弱ってしまう。

そんな時、少しぐらい苦しくても、雪の中にとび出して作業すると、身体も丈夫になるし、仕事もはかどる。「雪」を決して苦難だと思うな。

「わがものと　思えば軽し　笠の雪」

というが、自分からすすんで「わがもの」とするとき、凡ての苦しみは、単なる苦悩ではなく、自分のための「訓練の道具」になるのである。

ある雪のふる寒い日、私は早朝本部へ行くために歩いて、いつも通る四つ角に出た。そこはいつも見なれた大通り（神宮前交叉点）だが、その日は特別美しく見えた。雪が一切のきたないものを蔽《おお》いかくしたからである。

「居ながらにして、北欧に行ったようだ」

と思いながら、赤信号が青信号に変るのを待っていた。この信号も、私が交叉点へ来た時丁度赤になったので、永い間待っていなければならない。寒い風の中で「待たされる」と思えば面白くないが、

「丁度よいぐあいに、雪景色をながめる時間が与えられた」

と思えば、すこしも永くはない。むしろ、短かすぎるくらいだ。私はそ

の日、雪がふったので、いつもより早く家を出た。その時、

「どうして、今日は、早く出るんですか」

と家内はいぶかしがったが、雪がふるからと答えた。そうすれば、雪の日が一層気持よいし、途中で少々のおくれがあっても、いつもと同じころ目的地へつける。

いやなことがあったら、それを進んで「よいこと」に変えればよい。永い人生では、色々のことがある。それらすべてを「よいこと」に変える力が、吾々にはある。心が主人公であり、心に従ってどうにでも変って行くからである。

たとえば、病気になって、熱が出たとしよう。その時、熱が出た、いやだなあ――と思うだけではダメだ。そうじゃない。

「熱が出た。今、私の内の自然療能力が働き、最も能率よく活動し出した

のだ」

と思え。熱は自然（神）が用意して下さった万能薬なのだ。どんな病気をも治して下さる働きをもっているのが「熱」である。それが、今働き出した。

「ああ、有難い、万能治療機が動き出した」

と感謝しなければならない。多少、寒けがしたり、身体が重かったりするだろう。しかし、それでよくなって行く。見せかけの苦しみは、すべて治そう、一層よくしようとする働きなのであるから。

感謝のことば

新しい年は、肉体人間観から脱却《だつきやく》し、霊的人間観を確立する絶好のチャンスである。新年には多くの人々が身を浄《きよ》めて神社参拝をする。太陽の昇る前から登山し、御来迎《ごらいごう》を拝む人も年々増加する。人々はそこに、物質を越えた幽《ゆう》にして玄《げん》なるもの、カミ（幽身）を実感するからである。

肉体を浄める人々にしても、それは単に入浴するのとは意味がちがう。垢《あか》を落し、休養をとるための入浴ではなく、身を浄めることによって「心を浄化しよう」としている。つまり吾々は、新しい年を迎えるに当り、より一層霊性に接近しようとする。ハッキリした信仰を持たぬ人々ですら、尚かつそのように霊を強く自覚する時が、毎年の元旦である。

そこでこのような真実の心を、単に新年の一ヵ月に限ることなく、爾後《じご》引きつづき永く継続し把持《はじ》するように努めたい。そうすれば毎日の生活に張り合いが出て、口に悪を言わず、人と喧嘩せず、上役の不幸を酒の肴《さかな》にするというみじめな夜を送らずにすむ。

すべて吾々は、口に出す言葉によって人生を作り上げるのである。「私は幸福だ、うれしい」と言えば、そのようになって行く。「私は不幸だ、淋しい」と言っておれば、いやおうなしに不幸になるのである。

しかもこのコトバは一回では駄目だ。何回も何回も繰返す。それも毎日一定の周期をもって、「うれしい、幸福だ」と言う。そうすれば必ずそのような人生が、あなたのものとなるのである。

人は正月に道端で出あうと、「お芽出とうございます」という。どんな臍曲《へそまがり》でも「何が芽出たいか、このバカメ」などと文句を言わないのである。それは明るい祝福の言葉が人の魂を豊かにし、心を浄めてくれるからだ。心が安らぎ清まると、自然に生活も整い、健康もよくなってゆく。

それ故、大いに明るい言葉、祝福と感謝のコトバを雨ふらそう。もしあなたに妻があれば、その妻に対し毎晩感謝の言葉を与えよう。もしあなたに子供がおれば、その子供に沢山の「ありがとう」を言おう。

「あなたがいてくれるだけで、私は本当に嬉しい、幸福だよ」と。

その一言で、どんなに家庭が明るくなることか。その一言が毎日くりかえされている家庭には、不良の子もなく、不貞の妻も、出来そこないの夫もいないのである。

あなたはこのような平凡な、しかし悦びに満ちた言葉を、どうして毎日使わないか。年に一回、正月の元旦にだけ使おうとして、とっておくのか。いや、元旦ですら使おうとしない人もいるではないか。こうしていよいよこの人生を終ろうとする時、枕頭《ちんとう》にあつまった妻子に、かすれ声で、

「いろいろと、ありがとう、幸せだった……」

と言うつもりなのであろうか。それとも苦しみ叫んで死ぬか。

多彩的生活

ある日、国際基督教大学の教会で、パイプオルガンの演奏が行われるというので、聴きに行った。演奏者はバーバラ・ブルンス嬢。東京に生れ、北海道育ちのアメリカ人で、その後米国や西ドイツでオルガンを学んだ。私は教会内でのそういう演奏を見るのが初めてだったので、どんな風にパイプオルガンが配列《はいれつ》されているのかと思ったところ、主祭壇《しゅさいだん》の前方中央にあり、木の細い枠《わく》のため演奏者の姿は全く見えないのであった。

演奏はうまかったらしいが、何分にも客席から姿が見えないために、ステレオのＣＤを聞いているのとあまり違わない感じである。教会は礼拝や説教が主体であるから、当然伝統的にはそのような仕組みで、オルガン奏者は蔭に隠れるのかも知れないが、〝演奏会〟の場合は音ばかりではなく、「姿を見る」ことが重大な要素になっている。これはオーケストラでも、ピアノ演奏でも同じであって、「姿」と「音」とが協同して演奏効果を上げるのである。

今やテレビがラジオより多くの視聴者を集めつつあるのは、テレビには見ると聞くとが共存するからであろう。そのように、人間の生活でも、人々はその声と姿とで、周囲を明るく彩色することが大切だ。ところが多くの人は、仕事場での「姿」の意味を、あまり深く考えていないようである。ことに女性の「姿」が、その仕事に与える影響はとても大きく、彼女の仕事ぶりに多様な力を与え、迫力をつけるのである。

女性バイオリニストや女性ピアニストが美しいドレスを着て演奏するのはよく知られた事実だが、それにはそれなりの利点があり、演奏効果を上げるからだと、いつか辻久子さん（バイオリニスト）が話しておられたのを聞いたことがある。そしてそれは女性の特権でもあると。

多くの女性は、バイオリンやピアノをひかなくても、その声で家庭や社会に働きかけている。その時の「姿」は、かなり大きな影響力をもつのであり、決してどんな姿でもよいわけではない。家庭の主婦の中には、家の中でいつもバサバサの髪、グチャグチャの恰好《かっこう》で平気という人もいるが、それでは「よい仕事」にならない。華やかなドレスや豪華な和服を着よと決して言っているのではない。質素なものでも、色彩やその着方で、様々な仕事に与える効果は大変ちがうということを知ってもらいたい。

全ての現代女性は、男性よりも色彩に富んだ、かなり自由な服装をするのが通常である。人によると、「だから洋服代がかさむのよ」と文句を言うが、それなら人民服や国民服がよいかというと、決してそうではないだろう。文化は多彩でなくてはならないし、それを使いこなす時、人はより一層心を鍛え、技《わざ》を磨く。文化の栄える国では、人真似や、制服ではどうしても足りないのであって、夫々《それぞれ》が工夫して自己表現を試み、生活を多彩なものにして、真と善と美との織《お》りなす輝かしい人生を創り出すのである。

心で作り出す

人間はすばらしい「心」をもっている。この「心」で自分の運命を、どのようにでも操縦する。たとえば、右に行こうと思えば右に行けるし、寝ようと思えば、ねむれるし、山に登ろうと思えば、登山することができる。

それと同じように、自分の肉体も、どうにでも支配することができるのだ。強くなりたい人は強くなれるし、病気したい人は、病気ばかりするようになる。少しなまけて、

「こんなに忙しいのはいやだ。ゆっくり一日中寝ていたい」と思うと、すぐカゼを引いて、「一日中寝る」ようになるのは、そのせいである。

しかし、「心」で自由に支配できるといっても、やはりそれには練習がいるし、努力もいる。ボーッとして何の努力もせず、懶《なま》けながら「支配する」ということはできない。それでは人間を「懶けもの」にするばかりだからである。人間は本来「神の子」で、努力家で、しっかりした心の持主であり、多くのことをやりぬく力をもった人格だ。

病気を治す場合でも同じである。「心」で自由にできるが、それには努力が必要である。というのは、病気をつくり出したのも「心」であるから、もとの「心」を変えなければならないからだ。

ではどんな心が病気をつくるかというと、第一に「病気になりたい心」

即ち「病気でいた方が都合がよい」という心である。

次に「自分は弱いものだ」と思う心である。小さい時から「そらカゼを引きますよ」「お腹をこわしても知りませんよ」などと言って育てられると、いつの間にか、「自分は弱いカラダである。すぐカゼを引き、お腹をこわすものだ」という信念が出来上る。

この心が、病気を次々に作り出して行く。だから、そのような間違った心を消し去り、その代りに、

「私は神の子だ、無限力だ、強い、丈夫な人間だ」

と思う〝練習〟をしなければならない。

さらに又次には、色々なことをクヨクヨ悩んだり、腹立てたり、心配していると、よく病気になる。そのような「暗い心」が、不調和な肉体を作り出す。

「肉体は心の影」

心は肉体に影となってあらわれてくる。いわばオートメーション的に、自分の心に似た肉体が作られて行く。それは無意識の力でそうなるともいえる。

だから私達は、いつも強く明るく愛ふかい心をもつようにし、毎日コトバでそのような明るい自分だと唱え、日々調和した心でくらすようにしなければならない。日々の「神想観」がとても大切である。

ある事件を契機として

新しい年には、必ず新しい事件が現われる。それは良い事件であることもあるが、そうでない場合もある。しかし、一見極悪の事件であっても、それが好い結果に連動して行くことが多い。何故なら、凡ゆる現象の奥には、実相の完全さがあるからだ。その完全さが、凡ゆる事件から、反省と向上を引き出すのである。

かつて下校中の女子高校生が山中で殺害された。犯人は彼女と顔見知りの少年であった。以前から彼女をつけねらい、ある日彼女を帰宅途中の山中で殺した。少年は知能もすぐれていたが、何かが欠けていたのであろう。被害者の家族は、当然の如くひどく彼を憎んだが、幸いにも真理を知り、彼を赦すべく努力した。

被害者の姉はクリスチャンであったが、度々すすめられて生長の家の青年大会に出席し、全ての人々が「神の子・人間」である事を知り、犯人に対する憎しみを解いた。被害者の妹もさらに以前から生長の家を知り、犯人をゆるし切った。かつては犯人の父親が酒びたりでいたのを憎んでいたが、そうせずにはおれない心情を、思いやることができたからだ。こうして犯人の家族にも、生長の家の説く「神の子・人間」の真理を知ってもらおうと思い、ある日講習会の受講をすすめた。講習会が開かれた当日、この犯人家族の車に乗り、被害者の姉と妹が共に受講し、「神は善のみを作り給う」という人類無罪宣言の話を聞いた。この二人の姉妹が、不幸な姉

（妹）の死を契機として、この事件なくしては得られなかったような魂の飛躍をなしとげ、さらに犯人の家族までも救うことができた事実を見た時、私は、深い感動に陥らざるを得なかった。

たしかに殺人や強姦は悪であり、あってはならない事だ。神はそのような筋書きを作り給うはずはない。神の筋書きは、常に愛と助け合いと、与え合いであるが、その筋書きがこの地上にあらわれる時、どこかでかなり歪められるのである。特にこの女子高校生事件では、大幅に歪められた。しかしその奥にある愛と助け合いは、決して消えたのではなかったから、別の形で姿を現わし、家族同士の憎み合いの筋書きが消え、助け合いと、感謝の筋書きに変ったのである。

こうなると将来必ず犯人自身の心にも変化が起る。不定期刑をうけ、五年から十年以内という変則的な受刑者となった犯人も、やがて更生し、真の神性・仏性を現わし出す者として社会に復帰するであろう。事実は小説よりも奇なりだ。もしこのような筋書きを小説に書けば、その作者は三流文士と酷評されるだろう。しかし事実として人心が合作すれば、この事実は、神の偉大さと、真理と人間の本性のすばらしさを現わし出す実例となるのである。

火あそびをするな

人はよく、病気になってから、慌てふためくが、それでは少しおそすぎる。例えば、腕を一本切りおとされてから、いくら慌てて、もう一度くっつけようとしても、中々うまくいかないようなものである。一番よいのは、「腕が切れないようにする」のと同じように、平素《へいそ》から病気にならないように努めることである。それには、どうしたらよいか。

腕が切断されないようにするのと同じだ。あたり前のことをしていたら、腕が切れてとぶようなことはない。それと同様に、当たり前の生活をしていたら、病気にはならないものだ。あぶない機械がゴチャゴチャ動いている所に行くと、不注意でまきこまれて思わぬ怪我をすることがある。そのように、仕事や家庭をあぶないものにすると、ひどい病気にかかることがある。例えばよく「火あそびをする」というが、本当の火あそびでなくても、〝心の火あそび〟や、〝仕事の火あそび〟などをやりだすと、病気になることが多い。

だから全て「火あそび」はやらないこと。そうすれば不倫や三角関係で悩むこともなく、ギャンブルの「綱渡り」に苦しんで、病気になるということもなくなる。しかし万一そういった事態にまきこまれたならば、その悩み苦しみから、いち早く心を放ち去るのだ。つまり、問題をクヨクヨと思いなやむことをやめ、全てを神様に全托する。すると必ず、全てはよくなるのである。

だが、そういっても、「どうしても神様になんか委せられません」という人がいる。では自分で解決できるのかというと、できはしない。できないのに、「できる」と思いこんで、アクセクする。こうしているうちに、事態はますます悪化して、どうし様もなくなるのである。

では「神様におまかせする」とは、一体どうすることか。「よい心」になって、間違った仕事のやり方や、家庭のあり方をやめるのだ。そして誰からも非難されない生活をするのである。すると心がスッキリして、とても安らかになり、悩み苦しみが消えさり、病気が消えるのである。なぜなら、心のモヤモヤが肉体に現われ、病気や怪我になるからだ。病気も、怪我も、事業の失敗も、全て同じ「心の原因」から起っていることを知らなければならない。「心の解放」こそが、何よりも大切である。

そして又「心の解放」とは、自分の我の心を捨て、「神様のみ心」にスカッと全てを打ち委せ、のびのびと、明るく生きることだ。神様を信じない人に、本当の安らかさはないと知らなければならない。

肉体とエンジン

近ごろは日本にも随分自動車がふえた。毎年新しいドライバーが増える。しかしどんな新米のドライバーでも、ガソリンの代りに水を入れたり、焼酎《しょうちゅう》をガソリン・タンクに入れたりすることはないだろう。こんなことをすると、たちまち機械が駄目になるからである。

ところが、自動車ではなく、自分の肉体となると、あまりよくない飲料と分っていても、いくらでもそそぎ込む。それならこの人々はやがて肉体という機械が故障すると判っているかというと、そうでもない。若ければいくら酒を飲んでも大丈夫と思ったり、いくらたばこをすっても大したことはないと考える。これは一体どうしたことであろう。

いや、そればかりではなく、自分の飲んだり吸ったりするついでに、人にまですすめる。これは自分のガソリン・タンクに水を入れるついでに、人のタンクにまで水や牛の小便をそそぎ込むようなものではないか。

さらにもっと健康に悪いことをしている。それは人の心をつまらぬことでかき乱すことだ。心をかき乱すのは、自動車のガソリン・タンクに牛の小便と焼酎をカクテルにしてそそぎ込むよりまだ悪い。まるで車のエンジン・カバーを開いて、火をつけてもやすようなものである。

もしあなたが人と争いたくなったら、この事を思い出していただきたい。その上、自分自身の車のエンジンにも火をつけようとしているのだ。

これではあなたの肉体という最高級「自動車」はあまり長持ちしなくなる

のは当り前ではないか。

「まさか、そんなことはあるまい」と思うかも知れない。しかしこれは本当だ。この吾々の肉体という機械は、明らかに心によって動かされている。「右に行こう」と思えば右に行くし、「左に行こう」と思えば、左に動くのである。目を開こうと思えば開くし、閉じようと思えば閉じる。

つまりこのように肉体は心によって自由自在にあやつられる。だから心がカッとすると、身体中に火がついたようになる。そして当り前の調和のとれた運転ができなくなってしまうのである。

ことに肉体にはもう一つ、「人の心を現わし出す」という働きがある。そこで目上の者と争っていると、とかく頭の病気にかかりやすいし、胸の中にモヤモヤの気持を抱いていると、胸の病気によくかかる。またこれと同じ理由によって、ガンとして人に譲らず自我を張り通すような心を持っていると、癌にかかりやすくなるのである。

リューマチとマラソン

リューマチ患者がボストン・マラソンで完走したというニュースはなかなか愉快な話だった。ボストン・マラソンというと世界的にも有名な歴史のあるマラソンで、八十五回目に、日本の瀬古利彦さんが二時間九分二十六秒の大会新記録で優勝した。その記録もさることながら、参加者七千人の中には、日本からきた二人のリューマチ患者、上田輝夫さんと小原朝子さんもまじっていたという。

この二人はともに大分県大分郡挾間町赤野にある「冷研リウマチ村・山

内病院」の患者さんで、関節リューマチを見事に克服して完走した。上田さんは、三時間三十分台、小原さんは四時間以上のタイムだったが、とにかくこのような力を掘り起すことができたのである。

人はとかくリューマチにでもなると、ただ痛い痛いとつぶやいて、関節を動かさないようにすることばかりに神経を使うが、この冷研リウマチ村ではそうではない。聞くところによると、ここではむしろ患者さんに寒冷刺戟を与え、さらに関節を積極的に運動させる。すると人間の体内には内部から治そうとする「自然治癒力」が湧き上がってきて、薬なんか使用しなくても快癒するのだ。

こうしてとにかくこの「学校」の卒業生はボストン・マラソンに参加することができた。これはリューマチを治すことができただけの問題ではない。それ以上に、人生をどのように生きるかの根本を学習することができたのだ。多くの人々は難病を患うと、とかく大損をしたように思って歎き悲しむ。中にはもう治らないと速断して、自殺する人すらいる。しかしこれでは人生に敗北する。この世は大きな学校のようなものであり、そこで出される色々の課題は、すべて「宿題」である。従ってそれは必ず解ける問題だし、又それを解くことによって、より一層の上級クラスに進むのである。

だから例えば「リューマチ」という課題を出された人は、その問題を解決しなければならない。そしてこれを見事に解決すれば、それだけすばらしい学習を積んだことになり、魂的にも進歩する。より多くの困難に耐え、「四時間以上も頑張り通そう」というような意欲もでてくるのである。あるいは又、精神的な自己反省を経て、人間相互の和顔・愛語が不足していたなあと反省したりすることもできる。リューマチは、誰でも彼でも罹《かか》るものではない。どうして彼はかからないのに自分はかかるのか。

　そういった問題を真剣に考える時、それは偶然ではなく、また神の処罰でもない。自分の心で仮りに作り出していた現象であったということに気付き、今までの心のありかたを大転換させることもできるのである。

恐怖心を取り去れ

人はいくら病気を恐れても、それによって病気に罹《かか》らなくなる訳ではない。それどころか「いつもカゼを引きやすい」と思って恐れおののいている「厚着人間」は、かえってカゼを引いたり腹くだしをしたりして、青白く痩せ細るのだ。ところが病気のことなど何も考えず、冬でも薄着で寒風の中をいさましく働いたりスポーツをしたりしている人々は、かえって元気一杯の人生を送る。

これは「恐怖心」が人間の力を萎縮《いしゆく》させるからである。動物を見ても、弱い動物は、ライオンのような強い動物にねらわれると、腰を抜かしたようになって逃げられなくなる。勿論、人間も「腰を抜かす」。昔の人々はこんな臆病者《おくびょうもの》を「腰抜け武士」といって嘲《あざけ》ったものだ。

原則は全て同じであるから、「敵」と見なされる相手が人間でも、ウィルスでも、細菌でも、気温でも、ほこりでも花粉でも、同じことである。人によると「戦争」を恐怖させると、戦争が起らなくなると考え、その恐ろしさばかりを強調して「軍備などは持たないのがよい」と主張する。しかしこの考えは間違っていて、戦争をおそれると、戦争にならないのではなく、「強敵には戦わずして侵略される」という結果が起り、丁度ライオンの前で小動物が腰を抜かすような恰好になるのだ。

即ちこれ一種の「腰抜け主義」であって、昔の武士の最も軽蔑した心情だ。が今はそのような人々が「平和主義者」だと言われる。しかしながら本当の平和は、国民が他国から支配され、自由にされるような腰抜けの姿ではなく、自らが自らの主人公であり、自由自在であるところの「独立の平和」である。そのためには「戦争を恐怖させる」方法をとるのはまずい方策で、逆に「人間は神の子であるから死なない」ことを教え、一切の恐怖心をとりはらうに越したことはない。

こうして真に人間が自由自在な「神性」そのものであり、「死なないもの」と分ったならば、恐怖心から抜け出し、生命力が充実し、病気にも罹らず、落第も失敗もおそれず、人々のつまらぬ噂にも動じない「無為《むい》の真人《しん じん》」が誕生する。こうなるとどこにも敵はなく、自由自在であり、天衣無縫《てんいむほう》である。自由であるから、妙な過去の行きがかりにとらわれることなく、適当な判断を下して人生の勝利者となることが出来る。

このような人間が政治をとるならば、彼の政策は当然日本にとって一番ふさわしく安全な政策をとりうるのであって、「相手を怒らせないためには非武装の方がよい」などというオドオド理論は通用しない。一％のワクをこえた防衛費ならどうの、こえないとあぶないのという、タワケタことを言わない。要するに「雨がふれば傘をさし、天気になれば傘をささぬ」ような当たり前の自衛策が自由に取れる筈である。

もしかしたら……

ある若い奥さんがお医者さんから、「もしかしたら子宮に悪い腫瘍《しゅよう》が出来るかもしれないから、子宮を手術して取ってしまった方がよい。入院しなさい」とすすめられたという。

彼女にはまだ子供がなく、胞状奇胎《ほうじょうきたい》といって「ぶどう子」を手術してもらった直後であったから、子宮を失ったら大変と思い、生長の家の先輩に教えてもらって、父母や夫に感謝し、御先祖供養をよくするようにしたのである。一方医者のすすめる手術をことわり、毎日明るい生活をしていた所、その後三人のよい子供にめぐまれ、今はとてもたのしく暮しておられる。

このように「もしかしたら……」といった不安から手術をしたり堕胎したりしていると、その後得られるはずの幸福が、それっきり得られなくなることがしばしばある。こんな時の予防手術が、果してどの程度みとめられるものか。ある夫人の場合は夫から「自動車で行くより、列車で行け」といわれたが、「やはり自動車で行く」といって、その車が正面衝突して怪《け》我《が》してしまったという事件もあった。

このような時は、自動車で行っても、必ずしも衝突するとは限らないが、多分その夫はすぐれた心境にあったので、奥さんの危険を何となく予知し、そんな助言をして下さったのであろう。ところが、子宮を取り去る手術をしてしまったら、確実にもう子供は生れなくなり、今得ている「三人の子」は絶対にいないはずである。

「もしかするとこの胎児は身障で生れる」といわれて堕胎した時も、胎児は生きかえるわけに行かない。が「もしかしたら」の確率は大抵そんなに高いものではなく、高くても五十％そこそこである。母親が風疹《ふうしん》にかかったとかいう場合の胎児の被害率も二十％くらいである。その二十％か五十％がおそろしくて、〝殺人〟をしてもよいものか。

こんなたよりない処置が現代医学である筈はなく、それは一種のカケである。もしこんなことが「科学」の名でゆるされるなら、ゲリラが民家に逃げこんで、百人の住民の中に二十人くらいかくれているといって、百人の住民全部を殺してしまっても、「科学的ゲリラ退治であった」などとすましておられるであろう。

これは、実に科学の名の乱用であり、人命の軽視そのものである。「もしかすると悪くなる」といい出したら、夫でも妻でも、早々と離婚してよい理由になるかも知れぬ。「もしかしたら夫には女が出来るから、出来ないうちに別れた方がよい」といい出す奥さんがいたら、ちょっと気が変なのではないかと疑うであろう。

「もしかしたら……」

を理由にしていると、人は科学的と思いながら、きわめて非科学的、不合理きわまる〝処置〟をして、しかもそれをしてくれた人々にお金を払い「おかげ様で……」などと言う始末である。

美しく個性的に

父母の中には、自分の子供を軽蔑《けいべつ》して、「どうせこの子はできがよくないから」などという者がいる。「私に似て、きりょうが悪いので」などという人もいる。しかしそれはとんでもない考え違いだ。人は夫々《それぞれ》みな神の子であり、すばらしいのである。そのすばらしさをどうして認めようとしないのか。それは恐らく、自分自身を軽蔑しているからに違いない。人間、ことに母親は、自分自身を軽んじてはならない。そんなことをすると、その心があなたの最愛の子を、台無《だいな》しにしてしまう。

人は親がどんなに不器量《ぶきりよう》でも、不器量にはならないのだ。というのは、人には夫々の個性があり、その原形は神の国にある。それは実にすばらしく美しい原形であるから、いくら父や母に似ていても、さらにより一層神に似る。だから美しくなる。又いくら母親の頭が悪くても、それに似て頭が悪いということはないのである。神の子は頭がよいのだ。

ところがもし父母が、自分を軽視し、わが子を軽蔑すると、その思いのように子供のすばらしさが抑えられ、不完全に成長する。それは丁度双葉ののびようとする芽の上に石ころをのせ、「この芽はのびない」というようなものである。たしかにそんな時芽はスクスクとのびず、いびつに曲るだろう。しかしそれは芽が悪いからではない。芽の体質に欠陥があるのでもない。みな父母ののせた「心の石」のせいである。そんなことで子は親に似るのではない。もっとすばらしい神の個性によって、親に似るのである。

だからあなたはどんな時にも、わが子を軽視してはならない。「わたしにはブスだ」などということは断じてない。あなた自身もまたそんなつまらないものではないのである。あなたが美しくないのは、「美しい」と思わないからである。そしてあなた自身を見限《みかぎ》って、ろくにお化粧《けしよう》もしないからだ。人は誰でも、少し練習すれば、少し上達する。沢山練習すれば、多く上達する。お化粧でも同じだ。あなたはきれいなのである。ただ自分の心でそのすばらしさを蔽《おお》い昧《くら》ましている。趣味の悪い洋服を着たり、ぶさいくな髪形をし、その上に毛布のくずを付けたり、フケをうかばせたりして、あなた自身を台なしにしているのだ。

だからあなたはまずあなた自身を讃美することである。あなたの夫や妻をほめ称え、さらにあなたの子供たちを讃嘆しなければならない。それはコトバで言うだけではなく、「態度で示そうよ」でなければならない。あなたはそれを必ず行じよう。ノートに讃嘆のコトバを書き、夫に妻にそれを言い、子供にも言おう。コトバで書き、コトバで言い、態度で示し、あるていど練習してそれを表現すれば、あなたはそこらあたりのタレントさんよりも美しくなる。ただそれをなしうるかどうか、あなたの実行力と今後の努力如何《いかん》、そして信仰の問題であるが……

壁に耳あり

ある夜半、彼女はフト目をさました。すると隣室で、父と母とが、中学生である彼女の噂話《うわさばなし》をしていたのである。母が彼女のことを悪く言う。

「あんな子は、うちではもういらない、どこかへ行ってしまえばよい……」

と話すのを聞いた。彼女はびっくりすると同時にムカーッとして、以来母に反抗するようになったのである。父ともケンカをし、成績も下ったと私に訴えてくるのであった。

これはコトバの悪用であり、母親の愚かな泣き言が、子供の人生にどんな悪影響を与えるかの見本例である。

しかしこれとは反対に、もしこの時父と母とがお互いに彼女をほめ合い、いい子だね、よかったね、あんないい子はきっと幸せな人生を送ってくれるだろうね……などと話し合っていたなら、彼女はそのコトバの通りいい子になっていたはずである。たとえまだ少しくらいの欠点があっても、長所がのびれば短所は消える。必ずよくなるのに間違いないのである。

それと同じように、一家の主婦が、子供と一緒になって、夫の悪口を言い合っていたらどうなるだろう。そんな家庭はとんでもなく悪い夫、そして悪い父を作り出してゆく「武器密造工場」となるに違いない。

「夫が聞いていない所ならばよかろう……」

と思うかも知れない。しかしそれは間違いである。昔から「壁に耳あり、徳利《とつくり》に口あり」と言われるように、「壁の耳」がきいていて、夫が帰宅した後にも、まるで録音機のように、妻と子の悪口を呟《つぶや》き出す。何？　そんな声を聞いたことがない？　ハッキリした言葉になっていなくても、一種のモヤモヤとした雰囲気として、心の耳には聞こえてくる。

いや、それ以前に心と心とは、どんな距離を距《へだ》てていても通じ合うから、悪口でも善口でも、必ず伝わるのだ。そしてコトバが人生をそのコトバ通りに作り上げて行く。それをよく心得て、「作りたい人生」をお互いに話し合うことである。

これはあまりにも簡単すぎるから、その効果を疑う人もいるかも知れないが、一年間実行すれば、必ずコトバ通りになることがわかるであろう。テレビ・ドラマもコトバの筋書で作られるし、会社の会議の決定も言葉で作られる。

「どこそこへ転勤を命ず」

という一通の辞令で、ニューヨークへでもロンドンへでも飛ばされる。これもコトバの力であるから、もしあなたが心の中で、

「あなたなんか、どうせダメ人間だ」

などと呟いていたら、夫はダメ人生の吹き溜りに「飛ばされる」に違いないのである。そんなことをして人間の粗大ゴミを作ってはならない。神の子の実相をしっかり、拝み、コトバに出し、唱名《しょうみょう》し、夫や子供や、さらに自分自身を輝かしい本来の姿に現わし出し、全世界の繁栄と家庭の平和と地球と宇宙の保全とに貢献しようではないか。

幸せへのパスポート〈完〉

幸《しあわ》せへのパスポート

平成一二年 五月一五日 初版発行
平成二七年 五月一〇日 六版発行

著 者 谷口清超（たにぐち せいちょう）〈検印省略〉

発行者 岸 重人

発行所 株式会社 日本教文社
東京都港区赤坂九―六―四四 〒一〇七―八六七四
電話 〇三（三四〇一）九一一一（代表）
〇三（三四〇一）九一一四（編集）
FAX〇三（三四〇一）九一一八（編集）
〇三（三四〇一）九一三九（営業）

頒布所 一般財団法人 世界聖典普及協会
東京都港区赤坂九―六―三三 〒一〇七―八六九一
電話 〇三（三四〇三）一五〇一（代表）
振替 〇〇一一〇―七―一二〇五四九

印 刷 東港出版印刷株式会社
製 本 牧製本印刷株式会社

定価はカバーに表示してあります。落丁・乱丁本はお取り替えいたします。

ISBN978-4-531-05211-0